RACIAL JUSTICE IN AMERICA

LATINX AMERICA

CAN A PERSON BE ILLEGAL?

¿PUEDE UNA PERSONA SER ILEGAL?

BRENDA PEREZ MENDOZA

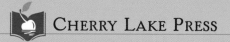
CHERRY LAKE PRESS

Published in the United States of America by Cherry Lake Publishing Group
Ann Arbor, Michigan
www.cherrylakepublishing.com

Reading Adviser: Beth Walker Gambro, MS, Ed., Reading Consultant, Yorkville, IL
Content Adviser: Carlos Hernández, PhD, Assistant Professor, Center for Latino/a and Latin American Studies,
  Wayne State University
Copyeditor: Lorena Villa Parkman
Book Design and Cover Art: Felicia Macheske

Photo Credits: © Sherryvsmith/Dreamstime.com, 6; © lv-olga/Shutterstock, 14; Library of Congress, Bain News Service,
Publisher. Dutch family, Ellis Island., 1920., LOC Control No. 2014710706, 18; © Sergii Figurnyi/Shutterstock, 22; © Kim Kelley-
Wagner/Shutterstock, 24; © David Peinado Romero/Shutterstock, 30; © Christopher Penler/Shutterstock, 34; © Gavril
Margittai/Dreamstime.com, 40

Cherry Lake Press is an imprint of Cherry Lake Publishing Group.

Library of Congress Cataloging-in-Publication Data has been filed and is available at catalog.loc.gov.

Cherry Lake Publishing Group would like to acknowledge the work of the Partnership for 21st Century Learning, a Network of
Battelle for Kids. Please visit http://www.battelleforkids.org/networks/p21 for more information.

Printed in the United States of America

Note from publisher: Websites change regularly, and their future contents are outside of our control. Supervise children when
conducting any recommended online searches for extended learning opportunities.

Brenda Perez Mendoza, M.A. is an award-winning educator and advocate. She grew up in Cicero as a native language
Spanish speaker. When she went to school, there wasn't enough support for students learning the English language. That is
what drove her to become a K-12 ELL specialist and work with bilingual students. She works to advocate for all students,
Latinx especially, embrace their culture and celebrate who they are. Today, she lives in Chicago, Illinois, and is committed
to providing students with culturally responsive practices and advocating for the Whole Child.

Brenda Pérez Mendoza es una educadora y defensora de derechos galardonada. Creció en Cicero con el español como
lengua materna. Cuando iba a la escuela, no había suficiente apoyo para los estudiantes que aprendían inglés. Eso la llevó
a convertirse en una especialista en estudiantes de inglés (English Language Learners o ELL) de primaria y secundaria
(K-12) y a trabajar con estudiantes bilingües. Trabaja defendiendo los derechos de todos los estudiantes, especialmente
latinxs, integrando su cultura y celebrando quiénes son. Actualmente, vive en Chicago, Illinois; está comprometida con
ofrecer a los estudiantes prácticas sensibles a la cultura de cada uno y a defender los derechos integrales del niño.

Chapter 1

Can a Person Be Illegal? | Page 4

¿Puede una persona ser ilegal? | Página 5

Chapter 2

What Is the History of North American Immigration? | Page 10

¿Cuál es la historia de la inmigración en Norteamérica? | Página 11

Chapter 3

What Is the History of U.S. Immigration? | Page 16

¿Cuál es la historia de la inmigración en los Estados Unidos? | Página 17

Chapter 4

What Are the Problems with U.S. Immigration Today? | Page 26

¿Cuáles son los problemas con la inmigración en los Estados Unidos hoy en día? | Página 27

Chapter 5

How Can We Be Better? | Page 38

¿Cómo podemos ser mejores? | Página 39

We Grow Together | Page 46

Creciendo juntos | Página 47

Extend Your Learning/Expande tu aprendizaje | 48

Glossary/Glosario | 48

Index/Indice | 48

CHAPTER 1

Can a Person Be Illegal?

In this book, we will ask the question, *can a person be illegal?* Elie Wiesel, a Nobel Peace Prize winner and a Holocaust survivor, first said, "know that no human being is illegal, human beings can be beautiful, they can be right or wrong, but illegal, how can a human be illegal?"

One of the first times in history that people used the words *illegal aliens* was during World War II. The **derogatory** term was used to describe Jewish **refugees** when they left their country without permission. Many people feel that the words *illegal alien* are **dehumanizing**. Dehumanizing means that we deny a person or a group any positive human traits.

CAPÍTULO 1

¿Puede una persona ser ilegal?

En este libro, nos haremos la pregunta: *¿puede una persona ser ilegal?* Elie Wiesel, ganador del premio Nobel de la Paz y sobreviviente del Holocausto, lo expresó así: "No hay tal cosa como un ser humano ilegal; los humanos pueden ser hermosos, pueden tener razón o no, pero ilegales no pueden ser, ¿cómo puede un humano ser ilegal?".

Una de las primeras veces en la historia en las que se usó la expresión inmigrantes ilegales fue durante la Segunda Guerra Mundial. Este término **despectivo** se usaba para describir a los judíos **refugiados** cuando abandonaban su país sin permiso. Muchas personas sienten que la expresión inmigrante ilegal es **deshumanizante**. Eso significa negarle cualquier rasgo humano positivo de una persona o grupo de personas.

Today, you may hear news reports and politicians use the term *illegal aliens*. They are almost always talking about Latin American **immigrants**. They are talking about groups who enter the United States through its border with Mexico. The term is used to make people afraid. It is used to get political power.

Before you can understand this term, it is important to understand U.S. laws and history. The actions a person takes can be illegal, but the person is not illegal. In the United States it can be a crime to enter the country without an inspection and approval. Most international people need to be inspected at the border. If a person enters the U.S. without an inspection, it is a federal crime. It can also be illegal to work without documentation.

Hoy en día, puedes oír que los reportajes de noticias y los políticos utilizan el término *inmigrantes ilegales*. Casi siempre usan esta expresión cuando hablan de **inmigrantes** latinoamericanos. Están hablando sobre grupos que entran en los Estados Unidos a través de su frontera con México. El término se utiliza para asustar a la gente y para conseguir poder político.

Antes de que puedas entender esta expresión, es importante entender las leyes y la historia del país. Las acciones que una persona realiza pueden ser ilegales, pero la persona no puede ser ilegal. En los Estados Unidos, puede ser un crimen entrar en el país sin una inspección y una aprobación. La mayoría de las personas extranjeras deben ser inspeccionadas en la frontera. Si una persona ingresa en los Estados Unidos sin ser inspeccionada, eso constituye un delito federal. También puede ser ilegal trabajar sin documentación.

◀ A United States Border Patrol vehicle drives on the U.S. side of the wall at the Mexico-U.S. border.

◀ Un vehículo de la Patrulla fronteriza de Estados Unidos circula a lo largo del muro que divide la frontera de México y Estados Unidos.

Just being in the United States without proper **documentation** is not itself a crime. Proper documents include things like passports and **visas**. A visa is a document that allows a person to stay or leave a country. Some people come to the United States and stay in the country even though they don't have the right documents. Some stay after their visas expire. An expired visa is no longer valid, or able to be used.

This has not always been the case. Laws changed. Laws continue to change. It is up to people to help change laws for the better.

In the 1930s, Nazis took power in Germany. Nazis believed that only certain White Germans were important. They believed others were not human and did not have rights. They were racist. They were antisemitic, which means they hated Jewish people. They began invading other countries.

They blamed Jewish people for problems in Germany. They stripped Jewish people of rights and property. They imprisoned Jewish people. Then they began killing them. They killed 6 million Jewish people between 1933 and 1945. They also killed others. This was the Holocaust. Survivors like Elie Wiesel warned people, and continue to warn people, about the dangers of blaming people of other ethnicities, religions, and races for problems. They told others about the horrors they lived through.

Sin embargo, simplemente estar en los Estados Unidos sin la **documentación** adecuada no es un crimen en sí mismo. La documentación adecuada incluye elementos como pasaportes y **visas**. Una visa es un documento que permite a una persona permanecer en un país o salir de él. Algunas personas vienen a los Estados Unidos y se quedan en el país incluso cuando no tienen los documentos adecuados. Algunas se quedan después de que sus visas vencen. Una visa vencida ya no es válida, ni puede ser utilizada.

No siempre ha sido así. Las leyes han cambiado y siguen cambiando en la actualidad. Del pueblo depende que las leyes cambien para bien.

En la década de 1930, los nazis tomaron el poder en Alemania. Los nazis creían que solamente ciertos alemanes blancos eran importantes. Creían que los otros no eran seres humanos y que no tenían derechos. Eran racistas. Eran antisemitas, lo que significa que odiaban al pueblo judío. Comenzaron a invadir otros países. Culpaban a los judíos por los problemas en Alemania. Despojaron al pueblo judío de sus derechos y propiedades. Encarcelaron al pueblo judío. Y luego empezaron a matarlos. Mataron a 6 millones de judíos entre 1933 y 1945. También mataron a otros. Esto fue el Holocausto. Los sobrevivientes como Elie Wiesel advirtieron y continúan advirtiendo a la gente sobre los peligros de culpar a las personas de otras etnias, religiones y razas por sus problemas. Les contaron a otros sobre los horrores que vivieron.

CHAPTER 2

What Is the History of North American Immigration?

There are lots of words used to describe people who are born in one country and move to another. A popular word used in the United States is *immigrant* or *migrant*. An immigrant is a person who moves from one place to another. An immigrant may move to live in better conditions. They may move for better jobs or education. The word *migrant* is usually used for someone who moves from place to place within a country.

CAPÍTULO 2

¿Cuál es la historia de la inmigración en Norteamérica?

Hay muchas palabras que se usan para describir a las personas que nacen en un país y se mudan a otro. Una palabra muy común en los Estados Unidos es "inmigrante" o "migrante". Un inmigrante es una persona que se traslada de un lugar a otro. Un inmigrante puede trasladarse para vivir en mejores condiciones o para conseguir mejores trabajos o una mejor educación. La palabra "migrante" generalmente se usa para alguien que se muda de un lugar a otro dentro de un país.

Indigenous peoples first lived where the United States is today. Indigenous means native to the land. There could have been as many as 112 million people living here before Europeans arrived. They had their own nations. They had their own customs and culture. They had their own rules about immigration between nations.

European nations started colonizing around the world in the 1400s and 1500s. Spain colonized the Caribbean, Mexico, Florida, the American Southwest, and large parts of South America. France colonized parts of Canada, Louisiana, Haiti, and other places. The English, or British, colonized Canada and parts of Central and South America, too. Thirteen of their North American colonies became the United States. Their colony in Plymouth, Massachusetts, began with an act of mercy.

The first European people to migrate to the Americas were the Vikings. A famous Viking was Leif Eriksson. His group set up a small settlement in Canada. This was around the year 1000 CE. Vikings traveled to and from Vinland. They did this for around 400 years. They raided towns. They killed Indigenous people. They were likely driven out by local Indigenous people. The Vikings wrote sagas about their voyages.

Los pueblos **indígenas** vivían desde un principio donde están hoy los Estados Unidos. "Indígena" significa nativo de un territorio. Se cree que hubo hasta unos 112 millones de personas viviendo aquí antes de que llegaran los europeos. Tenían sus propias naciones, sus propias costumbres y cultura. También tenían sus propias reglas sobre la inmigración entre las naciones.

Las naciones europeas comenzaron a establecer sus colonias alrededor del mundo en los siglos 15 y 16. España colonizó el Caribe, México, la Florida, el sudoeste de los Estados Unidos y grandes partes de Sudamérica. Francia colonizó partes de Canadá, Luisiana, Haití y otros lugares. Los ingleses, o "británicos", también colonizaron Canadá y partes de América Central y del Sur. Trece de sus colonias en Norteamérica se convirtieron en los Estados Unidos. Su colonia en Plymouth, Massachusetts, comenzó con un acto de misericordia.

Las primeras personas de Europa en migrar a las Américas fueron los vikingos. Un vikingo famoso fue Leif Eriksson. Su grupo estableció un pequeño asentamiento en Canadá. Esto fue alrededor del año 1000 d. C. Los Vikingos viajaron desde y hacia Vinland. Hicieron esto durante unos 400 años. Asaltaban ciudades. Mataban a los indígenas. Probablemente fueron expulsados por los pueblos indígenas locales. Los vikingos escribieron sagas sobre sus viajes.

Ousamequin was the leader of the Wampanoag people. He was called Massasoit. It was his title, but colonists used it as his name. Only about 50 starving British men, women, and children survived the first winter in North America. They had arrived on a ship called The *Mayflower*. Massasoit granted them **asylum**, or safety, and allowed them to stay. The Wampanoag had driven others away. They had burned at least one ship. He made a treaty with them. They could build on the Wampanoag land.

As the British colonies grew, colonists went to war with Indigenous peoples. The fighting continued after the United States was formed. The United States government wanted the country to grow. It did this by taking Indigenous land by force. It also did this by encouraging some immigration.

Ousamequin era el líder del pueblo de Wampanoag. Se llamaba Massasoit. Era su título, pero los colonos lo usaban como si fuera su nombre. Solo unos 50 hombres, mujeres y niños británicos hambrientos sobrevivieron el primer invierno en América del Norte. Habían llegado en un barco llamado *Mayflower*. Massasoit les concedió **asilo** (o sea, seguridad) y les permitió quedarse. El pueblo Wampanoag había alejado a otros. Habían quemado al menos un barco. Pero hizo un tratado con estos colonos: podían construir en la tierra de los Wampanoag.

A medida que las colonias británicas crecieron, los colonos comenzaron a ir a la guerra contra los pueblos indígenas. Las batallas continuaron después de que los Estados Unidos se formaron. El gobierno de los Estados Unidos quería que el país creciera, y lo hizo tomando tierras indígenas por la fuerza. También lo hizo fomentando la inmigración.

◀ A statue of Massasoit stands in Salt Lake City, Utah.

◀ Un monumento en honor a Massasoit se erige en Salt Lake City, Utah.

CHAPTER 3

What Is the History of U.S. Immigration?

In the late 1800s and early 1900s, millions of immigrants from Europe arrived. The U.S. government promised free or cheap land. They promised jobs and opportunities. European immigrants were escaping wars. They were escaping poverty. They believed in the American Dream. The American Dream is the idea that anyone who works hard can succeed. It is the belief that all people have a right to political and religious freedom.

CAPÍTULO 3

¿Cuál es la historia de la inmigración en los Estados Unidos?

A fines del siglo 19 y principios del siglo 20, llegaron millones de inmigrantes desde Europa. El gobierno de los Estados Unidos les había prometido tierras gratis o baratas, trabajos y oportunidades. Los inmigrantes europeos estaban escapando de las guerras. Estaban escapando de la pobreza. Creían en el "sueño americano". El sueño americano es la idea de que cualquier persona que trabaja duro puede tener éxito. Es la creencia de que todas las personas tienen derecho a la libertad política y religiosa.

Many European immigrants came through Ellis Island. This is an island in the Hudson Bay. It is outside of New York City. Health inspectors checked that the new immigrants were healthy. They didn't want dangerous diseases to spread in the U.S. Recorders wrote down the immigrants' names and where they were from. Those records can still be seen today.

Asian immigrants came to the U.S., too. U.S. Railroads advertised jobs in China. Many people came for those jobs. They entered through Angel Island. It is an island outside of San Francisco, California. Asian immigrants had longer waits.

Muchos inmigrantes europeos llegaron a través de la isla Ellis. Esta es una isla en la bahía del río Hudson, a las afueras de la ciudad de Nueva York. Los inspectores de salud comprobaban que los nuevos inmigrantes estuvieran sanos. No querían que se propagaran por los Estados Unidos enfermedades peligrosas. Los que llevaban los registros anotaban los nombres de los inmigrantes y de dónde eran. Esos registros todavía pueden consultarse hoy en día.

También llegaron a los Estados Unidos inmigrantes asiáticos. En China, se habían anunciado trabajos en los ferrocarriles norteamericanos. Mucha gente vino por esos trabajos. Entraron a través de la Isla de los Ángeles. Es una isla cerca de San Francisco, California. Los inmigrantes asiáticos tenían esperas más largas.

◄ European immigrants wait to enter the United States on Ellis Island. Ellis Island operated as an immigration station from 1892 to 1924.

◄ Los inmigrantes europeos esperan antes de entrar a Estados Unidos vía Ellis Island. Esta isla operó como una estación migratoria de 1892 a 1924.

Immigrants from many places faced prejudice. For example, Irish and Italian immigrants were treated poorly. People would not hire them. People called them names. It was often worse for Chinese immigrants. The U.S. government passed the Chinese Exclusion Act in 1882. This kept immigrants from China from coming to the U.S. This was the first time the U.S. banned a group of people from immigrating.

The Immigration Act of 1924 limited how many immigrants from each country could enter the United States. The limit was no more than 2% of the population from that country already living in the United States in 1890.

Immigration Act of 1965 limited the number of total immigrants to 170,000. It said no more than 20,000 could be from one country. It based entry on skill and the need for political asylum.

The Immigration Act of 1990 created a more flexible limit. It included flexibility for family-based, employment-based, and diversity-based immigration. Only 7% of total visas could go to immigrants from a single country.

Los inmigrantes de muchos países tuvieron que enfrentarse a prejuicios. Por ejemplo, los inmigrantes irlandeses e italianos eran maltratados. Muchos no querían darles empleo. Muchos les ponían sobrenombres ofensivos. Y era incluso peor para los inmigrantes chinos. El gobierno de los Estados Unidos aprobó la Ley de Exclusión China en 1882. Esta impedía que los inmigrantes de China vinieran a los Estados Unidos. Fue la primera vez que el país prohibió la inmigración de un grupo específico de personas.

La Ley de Inmigración de 1924 limitaba la cantidad de inmigrantes de cada país que podían ingresar a los Estados Unidos. El límite era no más del 2% de la población de ese país que ya viviera en los Estados Unidos en 1890.

La Ley de Inmigración de 1965 limitaba el número de inmigrantes totales a 170,000. Decía que no más de 20,000 podían ser de un mismo país. Basaba el acceso al país en las habilidades de los inmigrantes y su necesidad de asilo político.

La Ley de Inmigración de 1990 creó un límite más flexible. Incluía flexibilidad para la inmigración basada en lazos familiares, en el empleo y en la diversidad. Solamente el 7% de las visas totales podían ir a inmigrantes de un mismo país.

Newspapers printed **stereotypes** of immigrants. Some politicians said immigrants were dangerous. They said immigrants were dirty, poor, lazy, and violent.

Not everyone felt this way. The Statue of Liberty was set in New York Harbor. It welcomed immigrants. It became a symbol of freedom. It became a symbol of the country's values. A poem was added to the base. The poem is "The New Colossus" by Emma Lazarus. Its last lines have become a symbol of America's welcome of immigrants.

> *Give me your tired, your poor,*
> *Your huddled masses yearning to breathe free,*
> *The wretched refuse of your teeming shore.*
> *Send these, the homeless, tempest-tost to me,*
> *I lift my lamp beside the golden door!*

Los periódicos publicaban **estereotipos** de los inmigrantes. Algunos políticos decían que los inmigrantes eran peligrosos. Decían que eran sucios, pobres, perezosos y violentos.

Pero no todo el mundo creía esto. La Estatua de la Libertad se colocó en el puerto de Nueva York. Les daba la bienvenida a los inmigrantes. Se convirtió en un símbolo de libertad y en un símbolo de los valores del país. Se le añadió un poema a la base. El poema es "El nuevo coloso", de Emma Lazarus. Sus últimas líneas se han convertido en un símbolo de la bienvenida de los Estados Unidos a los inmigrantes:

Dame a tus cansados, a tus pobres,
A tus masas amontonadas que anhelan respirar libremente,
Los desechos desgraciados de tus orillas saturadas.
Envíamelos, a los que no tienen hogar, los que han sido
revolcados por la tempestad,
¡Alzo mi lámpara junto a la puerta de oro!

Today, immigrants come to the United States seeking the same opportunities as those immigrants on Ellis and Angel Islands. They come from all over the world. They come for school and for jobs. They come to join family members here. They come to live in a democratic republic.

The U.S. grew to be what it is today because of the immigrants who made this their home. Every industry from agriculture, to healthcare, to science and technology, grows and benefits from immigration. It is the diversity of people that make our country what it is today.

Hoy, los inmigrantes vienen a los Estados Unidos buscando las mismas oportunidades que esos inmigrantes que llegaban a la isla Ellis y a la Isla de los Ángeles. Vienen de todo el mundo para estudiar, trabajar, reunirse con otros miembros de su familia o para vivir en una república democrática.

Los Estados Unidos lograron ser lo que son hoy en día gracias a los inmigrantes que hicieron de este país su hogar. Todas las industrias, desde la agricultura y la salud hasta la ciencia y la tecnología, crecen y se benefician de la inmigración. Es la diversidad de gente lo que hace a nuestro país lo que es hoy.

◀ 67 immigrants from 35 countries gathered together in Charlottesville, Virginia to take their United States citizenship oath on July 4th, 2018.

◀ Esta foto tomada el 4 de julio de 2018, muestra a 67 migrantes de 35 países distintos que se reunieron en Charlottesville, Virginia para realizar un juramento al recibir su ciudadanía de Estados Unidos.

CHAPTER 4

What Are the Problems with U.S. Immigration Today?

All of human history is a story of migration, or the movement of people from one place to another. People moved to find food or better land to farm. People moved to escape wars. People moved to escape persecution and oppression. They moved to escape droughts, disease, or other natural disasters. These same reasons still drive immigration today.

CAPÍTULO 4

¿Cuáles son los problemas con la inmigración en los Estados Unidos hoy en día?

Toda la historia de la humanidad es una historia de migración, o del movimiento de la gente de un lugar a otro. La gente se trasladaba para encontrar comida o mejores tierras para cultivar; para escapar de las guerras; y para escapar de la persecución y la opresión. Se trasladaban para escapar de sequías, enfermedades u otros desastres naturales. Estas mismas razones siguen impulsando la inmigración hoy en día.

During World War II, the U.S. created a refugee protection program. This program allowed anyone that is physically in the U.S. to apply for asylum. Asylum means safety, but it also is a legal protection. It allows people to stay in the U.S. legally. Asylum is granted when a person's home country is not safe for them. The 1951 Geneva Convention on refugees set an international standard for treatment of refugees and asylum-seekers. The U.S. accepted these terms in 1967 in a United Nations Protocol, or act.

Recently, the U.S. started using the global pandemic to deny people seeking asylum. Asylum-seekers were being pushed back into Mexico. It also treated asylum seekers as criminals, imprisoning them. This started causing other issues at the border.

Durante la Segunda Guerra Mundial, los Estados Unidos crearon un programa de protección de refugiados. Este programa permitía a cualquier persona que estuviera físicamente en los Estados Unidos solicitar asilo. "Asilo" significa seguridad, pero también es una protección legal. Permite que la gente permanezca en los Estados Unidos legalmente. Se concede el asilo a alguien cuando su país de origen no es seguro para esa persona. La Convención de Ginebra sobre refugiados de 1951 fijó un estándar internacional para el tratamiento de los refugiados y de personas con necesidad de asilo. Los Estados Unidos aceptaron estos términos en 1967, en un Protocolo (o acto) de las Naciones Unidas.

Recientemente, los Estados Unidos comenzaron a usar la pandemia global para negar el asilo a las personas que lo necesitan. Las personas que requieren asilo fueron forzadas a volver a México. También se trató a los buscadores del asilo como criminales, encarcelándolos. Esto comenzó a causar otros problemas en la frontera.

For asylum seekers to apply for asylum they need to be in the country. The border patrol has something called expedited removal which means they can deport asylum seekers before they can even apply for asylum. This expedited removal violates the refugee protection program.

There is an organization that has made it even more difficult for immigrants to seek asylum. This group is called the U.S. Immigration Customs Enforcement, otherwise known as ICE. ICE was created in 2003 after the September 11, 2001, terrorist attacks on the World Trade Center and the Pentagon. This organization was created to protect national security, public safety, and to prevent terrorism.

Para que los que lo necesitan soliciten asilo, deben estar en el país. Pero la patrulla fronteriza hace algo llamado "deportación expedita", lo que significa que pueden deportar a los buscadores de asilo antes de que lo soliciten. Esta deportación expedita viola del programa de protección de refugiados.

Hay una organización que ha hecho aún más difícil que los inmigrantes busquen asilo. Este grupo se llama Servicio de Control de Inmigración y Aduanas, conocido por sus siglas en inglés ICE. El ICE fue creado en 2003 después de los ataques terroristas del 11 de septiembre de 2001 contra el World Trade Center y el Pentágono. Esta organización fue creada para proteger la seguridad nacional y la seguridad pública, y para prevenir el terrorismo.

◀ The Rio Grande is a river that borders Mexico and the United States. These Venezuelan families crossed the Rio Grande from Mexico to request asylum as refugees.

◀ El Río Bravo es un río que funge como frontera entre México y Estados Unidos. Estas familias provenientes de Venezuela cruzaron el Rio Bravo desde México para pedir asilo como refugiados.

In 2018, many U.S. citizens started to demand that the government abolish ICE because of their treatment of immigrants. Children were separated from their parents. Some were sent all over the country through foster agencies. Many were in detention centers all alone. There is a lot of confusion as to who separates families at the border. The organization ICE has a smaller division that is responsible for thousands of family separations.

The world of social media has helped bring attention to immigration injustices. A powerful photo can have a huge impact. In 2018, one such photo went viral. People shared it over and over again. The photo is of a 2-year-old Honduran girl. She is standing next to a large police vehicle. She is looking up at two adults. Only the adults' legs are showing. She is crying with her face scrunched up. The image was taken by John Moore, a Getty photographer. The pain on her face brought the toll of President Trump's "zero-tolerance" policy to life. While the girl and her mother, asylum-seekers who crossed the Rio Grande river at night, were not separated, many others were. The little girl's image haunted people and pushed them to demand change.

En 2018, muchos ciudadanos de los Estados Unidos comenzaron a exigir que el gobierno eliminara el ICE debido a cómo trata a los inmigrantes. Muchos niños fueron separados de sus padres. Algunos fueron trasladados por todo el país a través de agencias de acogida. Muchos se encontraron completamente solos en centros de detención. Hay mucha confusión respecto a quién separa a las familias en la frontera. El ICE tiene una subdivisión que es responsable por miles de separaciones de familias.

El mundo de las redes sociales ha ayudado a atraer atención a las injusticias de la inmigración. Una foto poderosa puede tener un impacto enorme. En 2018, una foto de este tipo se volvió viral. La gente la compartió una y otra vez. La foto es de una niña hondureña de 2 años. Está de pie junto a un gran vehículo policial, mirando a dos adultos. Solo las piernas de los adultos se ven. La niña está llorando, mirando para arriba con su rostro estrujado. La foto fue tomada por John Moore, un fotógrafo de Getty. El dolor en su rostro reflejaba el daño de la política de "cero tolerancia" del presidente Trump frente a la vida. Si bien la niña y su madre, buscadoras de asilo que cruzaron el Río Bravo en la noche, no fueron separadas, sí fue el destino de muchos otros. La imagen de la pequeña niña impactó a las personas que la vieron y las empujó a exigir cambios.

Former president Barack Obama had ICE remove and **deport** immigrants with criminal backgrounds. Today most ICE agents detain, arrest, and deport immigrants regardless of their criminal history. During former president Donald Trump's administration, ICE raided places of work. It deported hard-working immigrants. This organization was meant to protect the U.S. from terrorism. Now it focuses on immigration enforcement.

El expresidente Barack Obama hizo que el ICE **deportara** a los inmigrantes con antecedentes criminales. Hoy, la mayoría de los agentes del ICE detienen, arrestan y deportan a inmigrantes sin considerar su historial criminal. Durante la administración del expresidente Donald Trump, el ICE allanó lugares de trabajo. Deportó a inmigrantes que trabajaban duro. Esta organización debía proteger a los Estados Unidos del terrorismo. Ahora se concentra en reforzar las leyes de inmigración.

◄ Some people call for ICE to be abolished. They think ICE is causing harm.

◄ Algunas personas piden que ICE desaparezca. Piensan que ICE solo está provocando daños.

Today, we have over 96,000 **undocumented** citizens living in the United States. An undocumented citizen is someone born outside of the United States who does not have the proper U.S. documentation, like a visa. Immigrants migrate to the United States seeking the same opportunities as those in the past. They are looking for work, to reconnect with family members, or to escape poverty. Some countries have a lot of human rights issues like gang violence or **cartel** violence. These types of situations are hard to control for other countries. People seek to leave their home country for safety reasons.

Politicians and others in power still promote the fear of immigrants. They do this with the term *illegal aliens*. This is called **xenophobia**. Xenophobia is the fear of people from foreign countries. The root word xeno means strange or strangers. A phobia is a fear. The U.S. has seen more xenophobia in recent years against Latin Americans, especially those seeking asylum.

Hoy en día, tenemos más de 96,000 ciudadanos **indocumentados** que viven en los Estados Unidos. Un ciudadano indocumentado es alguien nacido fuera de los Estados Unidos que no tiene la documentación apropiada para vivir aquí, como una visa. Los inmigrantes se trasladan a los Estados Unidos buscando las mismas oportunidades que los inmigrantes que vinieron en el pasado. Están buscando trabajo, reunirse con miembros de su familia o escapar a la pobreza. Algunos países tienen muchos problemas relacionados con los derechos humanos, como violencia de pandillas o de **cárteles**. Estos tipos de situaciones son difíciles de controlar para otros países. La gente busca dejar su país de orígen por razones de seguridad.

Los políticos y otros en el poder todavía promueven el miedo a los inmigrantes. Lo hacen con la expresión "inmigrantes ilegales". Esto es xenofobia. La **xenofobia** es el miedo a la gente de países extranjeros. La raíz de la palabra, xeno, significa "extraño" o "extranjero". Una fobia es un miedo. Estados Unidos ha visto un aumento en la xenofobia contra los latinoamericanos en los últimos años, especialmente contra aquellos que buscan asilo.

CHAPTER 5

How Can We Be Better?

Now you have learned about the problems with calling someone Illegal. Let's work to end it. Let's stop it forever. We all come from different positions of **privilege**. We also have different types of privilege. Privilege is a special right or advantage. It is given to a chosen person or group. It is not earned. In the United States, speaking English provides privilege. Other examples include being born in the U.S. or to parents who are U.S. citizens. It's hard to get ahead in a world that is not made for you. Use your privileges. Help all people achieve equality.

CAPÍTULO 5

¿Cómo podemos ser mejores?

Ya has aprendido sobre los problemas que ocasiona llamar a alguien "ilegal". Ahora trabajemos para que no vuelva a suceder. Que no suceda nunca más. Todos venimos de diferentes posiciones de **privilegio**. También tenemos diferentes tipos de privilegios. El privilegio es un derecho o ventaja especial. Se da a una persona o a un grupo de personas determinadas. No es algo que se gana. En los Estados Unidos, hablar inglés proporciona un privilegio. Otros ejemplos incluyen haber nacido en los EE. UU. o de padres que son ciudadanos de los EE. UU. Es difícil tener éxito en un mundo que no está hecho para ti. Usa tus privilegios. Ayuda a que todos puedan lograr la igualdad.

Start with Yourself!

Everybody can do something. Just start somewhere. Start small. Build your self-awareness and your knowledge.

- Learn more about different Latin American peoples and countries. Don't clump all Latin American people together. Know the differences.

- Reject xenophobia. Define how you view people in your own terms.

- Learn more about Latin American history.

¡Empieza contigo mismo!

Todos pueden hacer algo. Simplemente comienza con algo. Con algo pequeño. Se consciente de tu propia situación y aumenta tus conocimientos.

- Aprende más sobre diferentes pueblos y países de América Latina. No pongas a todas las personas latinas en la misma bolsa. Conoce las diferencias.

- Rechaza la xenofobia. Decide qué piensas de las personas por ti mismo.

- Aprende más sobre historia latinoamericana.

◀ It's important to build self-awareness and knowledge. Learn more about Latinx culture and history. These two girls dance in traditional Mexican clothing in a parade in Yountville, California.

◀ Es importante construir conciencia y obtener nuevos conocimientos. Aprende más sobre la historia y cultura de los diferentes pueblos latinx. Estas dos niñas usan vestimenta tradicional mexicana en un festival en Yountville, California.

Be an Ally!

Being an **ally** is the first step in racial justice work. Racial justice work means working to make things fair for people of all backgrounds and cultures. Allies recognize their privilege. They use it to support others. They see something and they say something.

Speak up when you hear others supporting xenophobia Speak up against comments like those below.

"You're Latin American. You must love spicy food!"

You can say, "That's a stereotype. It's not true for all Latinos. Let's ask instead of assuming."

"They were speaking Spanish. They must be illegal aliens."

You can say, "People have spoken Spanish in North America longer than the United States existed. You can't tell a person's legal status by looking at them. And a person can't be *illegal*."

¡Sé un aliado!

Ser un **aliado** es el primer paso en el trabajo por la justicia racial. El trabajo de justicia racial significa trabajar para que las cosas sean justas para las personas de todos los orígenes y culturas. Los aliados reconocen sus privilegios y los utilizan para apoyar a otros. Cuando ven algo, lo dicen.

Alza tu voz cuando escuches que otros promueven la xenofobia. Alza tu voz cuando escuches comentarios como estos:

"Eres latinoamericano. ¡Seguramente amas la comida picante!"

Puedes decir: "Ese es un estereotipo. No todos los latinoamericanos aman la comida picante. Es mejor preguntar que asumir".

"Estaban hablando en español. Deben ser inmigrantes ilegales".

Puedes decir: "La gente ha hablado español en América del Norte desde antes de que existieran los Estados Unidos. No puedes conocer el estado legal de una persona con un simple vistazo. Y una persona no puede ser *ilegal*".

Be an Advocate!

Being an advocate goes beyond allyship. Advocates use their privilege. They challenge supremacy. They are willing to be uncomfortable. They stand up for equal rights.

- Stand with Latin Americans to increase representation. For example, find out what programs are offered to Latin American students. Start a club to celebrate Latin American culture. Ask your teachers to include more culturally relevant books.

Be an Activist!

Activists actively fight for political or social change. They give up their own privileges. They work together to fight against racism. They understand that if one group suffers, all groups suffer.

- Join groups like Immigrant Families Together that support keeping children with their parents at the border.

- Support Amnesty International USA, American Refugee Committee, Doctors Without Borders, Human Rights Watch, International Organization for Migration, International Rescue Committee, Refugee Council USA, or World Relief.

¡Sé un defensor o una defensora!

Ser un defensor o una defensora va más allá de ser un aliado. Los defensores y defensoras utilizan sus privilegios. Desafían la supremacía. Están dispuestos a sentirse incómodos. Defienden los derechos igualitarios.

- Apoya a los latinoamericanos para aumentar su representación. Por ejemplo, averigua qué programas se ofrecen a estudiantes latinos. Inicia un club para celebrar la cultura latina. Pídeles a tus maestros que incluyan más libros culturalmente relevantes.

¡Sé un activista!

Los activistas luchan activamente para el cambio político o social y renuncian a sus propios privilegios. Trabajan juntos para luchar contra el racismo. Entienden que si un grupo sufre, todos los grupos sufren.

- Únete a grupos como Immigrant Families Together, que lucha para que los niños permanezcan con sus padres en la frontera.

- Apoya a Amnesty International USA, American Refugee Committee, Doctors Without Borders, Human Rights Watch, International Organization for Migration, International Rescue Committee, Refugee Council USA o World Relief.

WE GROW TOGETHER

Language can be used to bring people together. It can also be used to divide people. It can be used to create fear. With an adult, look for news stories, political speeches, or campaign ads about immigration. Think about the words that are used. Write an email or a letter to the editor or the politician's office. Tell them what you think.

- Do they use the words *illegal alien*? Ask them to change the language that they use.

- Do they use the word *undocumented*? Encourage them to help others understand the importance of immigration.

Find out what your representatives in Congress or in your state think and say about immigration. Write to them, too. Ask them to support fair immigration laws and paths to legal residency.

CRECEMOS JUNTOS

Las palabras se pueden utilizar para unir a la gente. Pero también pueden ser utilizadas para dividir a la gente. Pueden ser utilizadas para crear miedo. Junto con un adulto, busca noticias, discursos políticos o anuncios de campaña sobre la inmigración. Piensa sobre las palabras que utilizan. Escribe un correo electrónico o una carta al editor o a la oficina del político. Cuéntales lo que piensas.

- ¿Utilizan la expresión *inmigrante ilegal*? Pídeles que cambien el vocabulario que utilizan.

- ¿Utilizan la expresión *indocumentado*? Anímalos a ayudar a otros a entender la importancia de la inmigración.

Investiga lo que piensan y dicen tus representantes en el Congreso o en tu Estado sobre la inmigración. Escríbeles también. Pídeles que apoyen leyes de inmigración justas y vías para que los inmigrantes consigan la residencia legal.

EXTEND YOUR LEARNING

Books

Loh-Hagan, Virginia. *Angel Island Immigration Station*. Racial Justice in America: AAPI Histories. Ann Arbor, MI: Cherry Lake Press, 2023.

Wing, Kelisa. *How Can I Be an Ally?* Racial Justice in America. Ann Arbor, MI: Cherry Lake Press, 2021.

Websites

With an adult, learn more online with these suggested searches.

"Immigration." Britannica Kids.

"Meet Young Immigrants." Scholastic.

GLOSSARY

asylum (uh-SYE-luhm) protection or safety

cartel (car-TEL) an organized group that controls products

dehumanizing (dee-HYOO-muh-nye-zing) taking away qualities of being human

deport (dih-PORT) to send out of the country

derogatory (dih-RAH-guh-tor-ee) showing a low opinion, insulting

documentation (dah-kyoo-men-TAY-shuhn) official papers used as proof of something

immigrants (IH-muh-gruhnts) people who move to one country from another

Indigenous (in-DIH-juh-nuhs) relating to the earliest known people to live in a place

privilege (PRIV-lij) rights or advantages a person has

refugees (re-FYOO-jeez) people who flee a country to escape danger

stereotypes (STAIR-ee-uh-tyeps) widely held attitudes that are usually inaccurate, oversimplified, and prejudiced

undocumented (uhn-DAH-kyoo-men-tuhd) lacking official papers required for legal status

visas (VEE-zuhs) formal approval to travel into a country

xenophobia (zee-nuh-FOH-bee-uh) fear of strangers or anything foreign

INDEX

allyship and activism, 40–45

Angel Island, 18–19

Asian immigration, 18–19, 20–21

asylum seekers, 4–5, 28–31, 36–37

bans on immigration, 20–21

borders, 6–9, 28–33

children, 30–33, 44–45

Chinese immigration, 18–19, 20–21

citizenship processes, 24–25

colonization, 12–15

deportation, 30–31, 34–35

documentation, 6–9, 36–37

Ellis Island, 18–19

European colonization, 12–15

European immigration, 14–23

family separations, 32–33, 44–45

Holocaust, 4–5, 8–9

"illegal" term
history, 4–5
rejection, 4–7, 38–39, 42–43
usage, 4–7

immigration, 10–11, 24–25, 26–27
N. American history, 10–15
U.S. history, 6–7, 14–25
U.S. laws and policy, 6–9, 20–21, 28–37

Indigenous peoples, 12–15

international law, 28–29

Jewish people, 4–5, 8–9

Latin American immigration, 6–7, 28–33, 36–37, 42–43

Latinx culture, 40–41, 42–43, 44–45

Massasoit, 14–15

North American immigration, 10–15

Obama, Barack, 34–35

prejudices, 4–7, 8–9, 20–23, 36–37, 42–43

privilege, 38–39, 42–43, 44–45

refugees, 4–5, 28–31, 36–37

self-education, 40–41, 44–45

Statue of Liberty, 22–23

Trump, Donald, 32–33, 34–35

undocumented citizens, 6–9, 36–37

U.S. Border Patrol, 6–7

U.S. Immigration Customs Enforcement (I.C.E.), 30–35

Vikings, 12–13

Wampanoag people, 14–15

Wiesel, Elie, 4–5, 8–9

EXPANDE TU APRENDIZAJE

Libros

Loh-Hagan, Virginia. *Angel Island Immigration Station*. Racial Justice in America: AAPI Histories. Ann Arbor, MI: Cherry Lake Press, 2023.

Wing, Kelisa. *How Can I Be an Ally?* Racial Justice in America. Ann Arbor, MI: Cherry Lake Press, 2021.

Sitios web

Junto con un adulto, aprende más en línea con estas búsquedas sugeridas.

"Immigration." Britannica Kids.

"Meet Young Immigrants." Scholastic.

GLOSARIO

asilo: protección o seguridad

cartel: un grupo organizado que controla productos

deshumanizante: algo que le quita a alguien la cualidad de ser humano

deportar: enviar fuera del país

despectivo: que muestra una opinión negativa, insultante

documentación: papeles oficiales utilizados como prueba de algo

inmigrantes: personas que se mudan de un país a otro

indígena: relacionado con el grupo de gente que vivió en un lugar antes que nadie más

privilegio: derechos o ventajas que tiene una persona

refugiados: gente que huye de un país escapando de un peligro

estereotipos: actitudes generalizadas que son usualmente inexactas, simplificadas y que cargan con prejuicios

indocumentado: que carece de los papeles oficiales requeridos para tener un estatus legal

visa: aprobación formal para viajar a un país

xenofobia: miedo a los extranjeros o a cualquier cosa de otro país

INDICE

alianza y activismo, 40–45

autoeducación, 40–41, 44–45

ciudadanos indocumentado, 6–9, 36–37

colonización, 12–15

colonización europea, 12–15

cultura latinoamericana, 40–41, 42–43, 44–45

deportación, 30–31, 34–35

documentación, 6–9, 36–37

Estatua de la Libertad, 22–23

fronteras, 6–9, 28–33

Holocausto, 4–5, 8–9

"ilegal" palabra
historia, 4–5
rechazo, 4–7, 38–39, 42–43
uso, 4–7

inmigración, 10–11, 24–25, 26–27
historia de america del norte, 10–15
historia de EE. UU., 6–7, 14–25
leyes y políticas de EE. UU., 6–9, 20–21, 28–37

inmigración asiática, 18–19, 20–21

inmigración china, 18–19, 20–21

inmigración europea, 14–23

inmigración latinoamericana, 6–7, 28–33, 36–37, 42–43

inmigración norteamericana, 10–15

isla Ángel, 18–19

isla Ellis, 18–19

ley internacional, 28–29

Massasoit, 14–15

niños/as, 30–33, 44–45

Obama, Barack, 34–35

Patrulla Fronteriza de EE. UU, 6–7

prejuicios, 4–7, 8–9, 20–23, 36–37, 42–43

privilegio, 38–39, 42–43, 44–45

procesos de ciudadanía, 24–25

prohibiciones a la inmigración, 20–21

pueblo judío, 4–5, 8–9

pueblos indígenas, 12–15

pueblo wampanoag, 14–15

refugiados/as, 4–5, 28–31, 36–37

separaciones familiares, 32–33, 44–45

Servicio de Control de Inmigración y Aduanas, (I.C.E. *en inglés*), 30–35

solicitantes de asilo, 4–5, 28–31, 36–37

Trump, Donald, 32–33, 34–35

vikingos/as, 12–13

Wiesel, Elie, 4–5, 8–9